AF586483

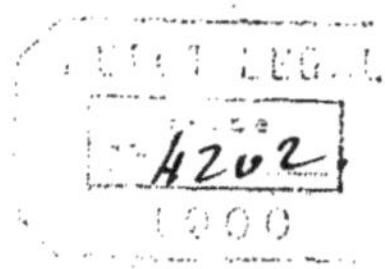

Les petits mystères de l'Exposition

Folie-Vaudeville en un acte de

A. Payol et E. Joullot

Mise en scène de M. Febvre

Représentée pour la première fois au Concert de la Gaîté-Rochechouart

Cette pièce est du Répertoire de la Société des Auteurs Dramatiques 8 Rue Hyppolyte-Lebas

Nouveau Répertoire des théâtres et Concerts

E. Joullot Éditeur 52 Fg Saint-Martin. Paris

Personnages

Gourdiflot	(jeune paysan Normand)	MM.	Morton
Durascasse	(de Castel-Sarasin)		Zecca
Loubiniou	(Secrétaire de Mairie)		Fréjol
Lamouillette			Dumoraize
Crapoulos	(Bolivien)		Jasser
Fricandeau	(Patron de l'auberge des Cadettes de Gascogne)		Mentor
Un rouleur			Paulo
Tante Palmyre	(tante de Durascasse)	Mmes	Debernay
Tartarine	(femme de Durascasse)		Lisay
Bichonnette			P. Bert
Mme Larose	(tenancière du châlet de nécessité)		J. Henry

Servantes - Marmitons
Visiteurs de l'Exposition
Mmes Olivette - Lionnette - Bienvenue et Helda

La scène se passe dans l'Exposition

Côté Gauche — Côté droit

Entrée 3e plan — Entrée 3e plan

pavillon praticable (2e plan)

porte du Restt (2e plan)

Restaurant

table 1

Chaise — Chaise

table 2

Chaise — Chaise

Châssis d'arbres ou châlet (1er plan)

porte de la cuisine (1er plan)

Les petits mystères de l'Exposition

Un plein air à l'Exposition
A droite, le restaurant des Cadettes de Gascogne
1er plan - entrée de la cuisine
2ème plan - entrée du restaurant
Deux tables à la terrasse
A gauche 2ème plan - Le pavillon de la Laponie. Sur la porte une pancarte portant cette inscription "Le pavillon de la Laponie n'est pas ouvert au public.
1er plan - Un chalet de nécessité
Entrées 3ème plan droite et gauche
Fond Exposition ou jardin.

Les indications sont prises de la Salle

Scène 1ère

Mme Larose (1) - Fricandeau (2) - Servantes (3-4) - Marmitons (5-6)

Au lever du rideau, les servantes rangent les couverts sur les tables - les marmitons (femmes travesties) épluchent des légumes

Chœur

Air: Promenade du dimanche

On nous attend,
Sans perdre un instant,
Dépêchons-nous, c'est aujourd'hui dimanche,
Il fait un temps
Vraiment épatant,
La foule va s'abattre en avalanche
Et les badauds
Prendront tous d'assaut
Les attractions
D'la grande Exposition

— Fricandeau —

(au public) J'ai, pour la circonstance,
Fait un m'nu d'premier choix;
(à Mme Larose) Tous les clients, je pense,
S'en lècheront les doigts.

— Mme Larose —

J'ai, dans mon châlet,
Changé les p'tits balais,
Et j'ai mis des parfums partout;
C'est très propre et de très bon goût.
Si y'a pas d'dossiers,
Y'a des p'tits papiers :
Un ministre y pourrait
Poser la question d'Cabinet.

(Reprise du chœur)

— Fricandeau —

Le nouveau chef cuisinier n'est pas arrivé ?

— Une Servante —

Nous n'avons vu personne.

— Fricandeau —

Comme c'est amusant... un dimanche, quand mon établissement est bondé de clients.

— Mme Larose —

Vous n'avez pas de chef, monsieur Fricandeau ?

— Fricandeau —

Mais non, madame Larose, j'ai mis mon ancien à la porte; ce maroufle de cuisinier n'avait-il pas le toupet de confectionner des sauces madère en y mettant du madère, comme si l'eau de Seine ne suffisait pas.

— Mme Larose —

Ne m'en parlez pas, on gâche tout au jour d'aujourd'hui

— Fricandeau —

Aussi, vous comprenez : quand je me suis aperçu de la chose, je lui ai réglé son compte séance tenante et je suis allé dans un bureau de placement...

— Mme Larose —

Et l'on vous a promis de vous en envoyer un ?

— Fricandeau —

Ah! ben oui! il n'y en a pas un seul sur la place; ils sont tous employés dans les restaurants exotiques de l'exposition comme cuisiniers indigènes.

— Mme Larose —

Alors, qu'avez-vous fait ?

— Fricandeau —

J'ai tout simplement télégraphié à un bureau de province que l'on m'en envoie un, et je l'attends

— Mme Larose —

Je vous donnerais bien un coup de main, monsieur Fricandeau, mais j'ai mes occupations dans mon petit commerce, et puis, j'attends ma fille Bichonnette.

— Fricandeau —

Allons tant mieux !

(Il veut s'en aller, elle le cramponne)

— Mme Larose —

Oui, elle m'a écrit qu'elle viendrait me voir aujourd'hui

— Fricandeau —

(distrait) Allons, tant pis !

(aux marmitons) Vous autres à la cuisine (aux servantes) Et vous finissez d'apprêter les tables à l'intérieur.

(Reprise du chœur "il fait un temps"... les marmitons sortent 1er plan droite les servantes 2e plan droite, ainsi que Fricandeau, toujours rasé par Mme Larose

— Fricandeau —

Allons tant mieux ! (il sort)

Scène II

Crapoulos . Bichonnette
(1) (2)
Mme Larose
(3)

— Bichonnette —

(Entrant suivie de Crapoulos

Bonjour m'man ! (elle l'embrasse)

— Mme Larose —

Bonjour ma fille ! (apercevant Crapoulos) Monsieur est avec toi ?

— Bichonnette —

Oui, c'est mon... ami ; je vais te le présenter : le senor don Alphonso Crapoulos de la manilla del Campo.

— Mme Larose —

(Saluant) Mossieu ! (il salue)

(à part) C'est un type chic ; ma fille ne se mouche pas avec un confetti plié en quatre

— Bichonnette —

(à Crapoulos) Alphonso, je vous présente ma mère.

— Crapoulos —

(Saluant) Senora !... Vous êtez dans lou commerce, sans doute ?

— Bichonnette —

(Vivement à sa mère)

Ne lui dis pas...

— Mme Larose —

(très embarrassée) Mon Dieu, monsieur je suis dans l'aisance.

— Crapoulos —

Ca m'est égal.

— Mme Larose —

Comment, ça vous est égal?

— Crapoulos —

Oui, parce j'ai oune grosse fortoune, io couvrirai Bichounnette d'or; seulement io souis jaloux... jaloux comme un tigre, et, si elle me trompait, caramba!

— Bichonnette —

Voyons, mon ami, tu n'as pas besoin de raconter ça à maman.

— Mme Larose —

Laisse donc, ma fille, un homme qui parle de te couvrir d'or a bien le droit d'exprimer ses sentiments à ta mère

— Crapoulos —

Senora, io vous confie Bichounnette, io souis obligé d'assister à l'inauguration du pavillon de la Bolivie où io dois me trouver dans un baquet

— Bichonnette —

Dans un baquet?

— Crapoulos —

Si, un baquet pour le boulottage

— Mme Larose —

Comment, vous boulottez dans un baquet?

— Bichonnette —

Ah! il veut dire un banquet

— Crapoulos —

C'est ça, oune banquet

— Bichonnette —

Est-ce que ça durera longtemps ce boulottage?

— Crapoulos —

Tant qu'il y aura à boulotter; io vous rejoindrai ici ce soir.

— Bichonnette —

C'est ça, à l'appéritif moins cinq; mais, ne me fais pas attendre (exagéré) je m'ennuie tant quand tu n'es pas là.

— Crapoulos —

Io me dépêcherai, à tout à l'heure ma petite Bichounnette!

— Bichonnette —

(l'embrasse et le fait passer 1)

A tout à l'heure mon Crapoulos en sucre!

— Crapoulos —

(Saluant Mme Larose)

Senora!

— Mme Larose —

(même jeu) Mossieu!

— Crapoulos —

Jo vous la confie (il l'embrasse) Jo souis jaloux comme un tigre.

(Il se dirige vers le fond droite, en passant entre les deux tables. Mme Larose rejoint sa fille)

— Bichonnette —

(à part) Quelle barbe!

— Crapoulos —

Comme un tigre, caramba!

(il sort 3e plan, droite)

Scène III

Bichonnette (1) - Mme Larose (2)

— Mme Larose —

Ah! ça, tu n'es donc plus avec Lamouillette?

— Bichonnette —

Il m'a plaquée comme le dernier des muffles, heureusement que j'ai fait la connaissance de ce sauvage de Crapoulos, une vraie mine d'or.

— Mme Larose —

(l'embrassant) tu penseras à ta mère.

— Bichonnette —

Oui... mais quel rasoir, il ne peut pas voir un homme me regarder dans la rue, sans avoir aussitôt l'envie de se jeter dessus; il est jaloux comme un pied.

— Mme Larose —

Un pied de quoi?

— Bichonnette —

Comme un "pied jaloux"

— Mme Larose —

Ça prouve qu'il t'aime cet homme des bois.

— Bichonnette —

C'est trop d'amour à la clef.

— Mme Larose —

Alors, comment est-ce arrivé ta rupture avec Lamouillette?

— Bichonnette —

Viens! je vais te raconter ça.

(elles sortent 1er plan, gauche)

Scène IV

Gourdiflot (seul)

(Il entre 3e plan gauche, avec un panier au bras et un grand parapluie de coton

C'est moi! j'arrive de Mourmelon-les-Andouillettes... vous ne connaissez pas Mourmelon-les-Andouillettes? c'est un beau patelin... ah! dame, c'est plutôt moins grand que Paris; mais c'est grand tout de même: il peut y avoir dans les vingt-cinq habitants, sans compter les poules et les cochons; j'on pris le train, hier au soir et je somme arrivé à Paris, au bout de dix-sept heures de trimballement avec les genoux sous mon panier... J'avais pas prévenu de mon arrivée, attendu que je ne connaissais personne à Paris; eh bien! ça ne fait rien, on m'a reconnu tout de même, en sortant de la gare y'a z'une petite femme qui s'est approchée de moi et qui m'a dit, dans le tuyau de l'oreille: viens-tu chez moi chéri? - Viens! que je me dis, elle me tutoye, c'est qu'elle me connait ... alors, je suis monté chez elle par politesse, elle m'a très bien reçu... pour sûr que les filles de Mourmelon-les-Andouillettes ne vous reçoivent pas si bien. Comment t'appelles-tu? qu'elle m'a demandé... Tiens! que je me dis, elle ne sait pas mon nom; alors je lui ai dit: je m'appelle Gourdiflot! - Tu en as bien l'air qu'elle m'a répondu... et puis, au bout d'une heure, quand j'ai voulu m'en aller, elle m'a dit, en me faisant des chatouilles dans le cou: tu n'oublieras pas mon petit cadeau? Paraît que c'est l'habitude à Paris, de faire un cadeau aux jeunesses qui vous font des chatouilles; alors, comme j'avais deux melons dans mon panier, j'en ai posé un sous le chandelier et je suis parti à l'exposition... C'est beau l'exposition... y'a des grandes bâtisses!... c'est plutôt mieux qu'à Mourmelon-les-Andouillettes!

(il regarde autour de lui - finit 1)

Scène V

Gourdiflot (1) - Fricandeau (2)

— Fricandeau —

(au seuil du restaurant - à part)

Et toujours pas de chef! C'est désolant! (apercevant Gourdiflot)

qui semble inspecter la maison)
Ah! ce doit être lui! (haut) Enfin, vous voilà vous?

— Gourdiflot —

Oui, me voilà, moi.

— Fricandeau —

Vous êtes en retard.

— Gourdiflot —

Je vais vous dire: en descendant du train, j'ai rencontré une personne qui me connaissait, même que je lui ai laissé un melon.

— Fricandeau —

On n'a pas idée d'une chose pareille voilà deux heures que je vous attends (il se dévêt)

— Gourdiflot —

(à part) Tiens! paraît qu'on m'attend aussi ici, et cependant j'ai pas prévenu de mon arrivée, ce que c'est drôle tout de même, on sait tout à Paris.

— Fricandeau —

Mais dépêchez-vous donc! tenez prenez ça! (il lui retire sa blouse et son chapeau et lui fait endosser la veste et la calotte qu'il a retirées
Là, maintenant, suivez-moi!

— Gourdiflot —

C'est drôle tout de même ce qui se passe à Paris!
(ils sortent 2e plan droite, Fricandeau emportant les effets de Gourdiflot

Scène VI

Lamouillette (seul)

(il entre, une lettre à la main) de droite 3e plan

Le Restaurant des Cadettes de Gascogne?.. ah! c'est ici ... voyons, je ne me trompe pas, c'est bien là qu'elle me donne rendez-vous (lisant) Mon petit Lamouillette (parlé) le petit Lamouillette c'est moi (lisant) Je vais à Paris avec mon mari; trouvez-vous à l'exposition, dimanche prochain, à l'heure du déjeuner au restaurant des Cadettes de Gascogne.... Mille gros baisers! Tartarine... Post-scriptum (parlé) Dans les lettres de femmes il y a toujours un post-scriptum (lisant) Faites en sorte de ne pas être vu par mon mari (parlé) Figurez-vous que j'étais allé passer quinze jours chez mon oncle Roubignac à Castel Sarasin, dans le but de me mettre un peu au vert et, surtout dans le but de rompre une liaison qui devenait par trop collante, avec un petit démon du nom de Bichonnette. J'avoue que je me serais embêté ferme chez mon oncle Roubignac, si je n'avais fait la connaissance de Tartarine, une femme charmante, mariée à un imbécile du nom de Durascasse. Ah! mes amis! quelle femme et quel tempérament... un vrai tempérament méridional... Mon aventure amoureuse, allait on ne peut mieux, lorsque je fus subitement rappelé à Paris pour une affaire urgente; je quittai la charmante Tartarine, qui pleura dans mon gilet et me fit promettre de revenir l'année suivante, et... je rentrai dans la capitale. J'avoue que, depuis, j'avais quelque peu oublié cette aventure, quand ce matin, je reçus cette lettre (il parcourt la lettre) Ne pas être vu par le mari, c'est embarrassant.

Scène VII

Lamouillette (1) – Gourdiflot (2)

— Gourdiflot —

(Entrant 1er plan droite (cuisine) en cuisinier avec une louche à sauces)
Me v'là moi! le patron m'a enfilé ce costume, et puis i' m'a dit : vous allez goûter les sauces... paraît qu'on m'attendait à Paris pour goûter les sauces.
(il porte sa louche à sa bouche de temps en temps)

— Lamouillette —

(à part) Comment pourrai-je m'en tirer?

— Gourdiflot —

(à part) C'est pas mauvais! je les goûte avec une louche pour en avoir davantage.

— Lamouillette —

(à part) Je ne trouve pas. (apercevant Gourdiflot) Tiens! ce cuisinier... quelle idée! (allant à Gourdiflot) Pardon, mon ami

— Gourdiflot —

(à part) Il m'appelle son ami, n'en v'là encore un qui me connait
(il lui tend la main)

— Lamouillette —

Il y a-t-il longtemps que vous êtes dans cette maison?

— Gourdiflot —

Oh! oui, y peut bien y avoir dans les dix minutes

— Lamouillette —

Alors vous n'êtes pas habitué.

— Gourdiflot —

Ma foi, vous savez : on est habitué sans l'être

— Lamouillette —

(à part) C'est un normand (haut) Tenez, prenez ça ! (il lui donne un louis)

— Gourdiflot —

(Stupéfait) Vingt francs ! (il les empoche)

— Lamouillette —

Oui, c'est pour vous, maintenant donnez-moi votre calotte et votre veste (Gourdiflot se laisse enlever sa calotte et sa veste - Lamouillette a enlevé son chapeau et son pardessus et les a placés sur la table N° 2)

— Gourdiflot — (à part)

On m'avait bien dit qu'on gagnait de l'argent facilement à Paris (Lamouillette revêt la veste et la calotte)

— Lamouillette —

(à part) Si jamais je suis reconnu comme ça !

— Gourdiflot —

(remontant) J'm'en vas dire au patron de me rendre mon chapeau et ma blouse

— Lamouillette —

(le retenant) Gardez-vous en bien ! (il le coiffe de son chapeau) Nous avons la même tête (le chapeau lui va très mal) là, maintenant, enfilez mon pardessus (il lui met son pardessus) On dirait qu'il vous a été fait sur mesure (le pardessus est trop court et trop étroit ou l'inverse)

— Gourdiflot —

(Se pavanant devant Lamouillette) Mazette ! j'on l'air d'un député comme ça

— Lamouillette —

En plein. Asseyez-vous là ! (Il le fait asseoir table 2. chaise de gauche)

— Gourdiflot —

Que je m'asseye ?

— Lamouillette —

Oui, je vais vous servir à déjeuner

— Gourdiflot —

(Stupéfait) Me servir à déjeuner ?

— Lamouillette —

Oui. Seulement, souvenez-vous bien de ceci : si l'on vous demande quelque chose : motus ! (Il se met un doigt devant la bouche)

— Gourdiflot —

(Qui ne comprend pas et mettant le doigt dans son nez) Motus ?

— Lamouillette — (1)

Motus ! que voulez-vous manger ?

— Gourdiflot — (2)

Avez-vous des pieds de cochon ?

— Lamouillette —

Il me demande si j'ai des pieds de cochon ! Vous devez le savoir mieux que moi, puisque c'est vous le cuisinier... A propos, où est la cuisine ?

— Gourdiflot —

(montrant la porte 1er plan, droite)

A droite au fond.

— Lamouillette —

(passant devant lui en 2)

Merci ; nous avons dit un pied de cochon. (criant en sortant) Un pied de cochon à l'as !

(il sort à droite 1er plan)

— Gourdiflot —

(criant) Eh ! mettez en deux, j'pourrai pas rester sur un pied.

Scène VIII

Gourdiflot -(puis) Bichonnette

— Gourdiflot — (seul)

Comme c'est drôle tout de même ce Paris ! J'arrive croyant connaître personne, je trouve une femme qui m'attendait à la gare, j'entre dans l'exposition, on m'embauche pour goûter les sauces ; je sors de la cuisine, on m'habille, on m'offre à déjeuner et l'on me paye par-dessus le marché... on m'a jamais fait ça à Mourmelon-les-Andouillettes.

— Bichonnette —

(Sortant du châlet) Oh ! la barbe ! elle est presque aussi rasante que Crapoulos, m'man ; zut ! je vais déjeuner

(elle s'assoit table N° 1. Chaise gauche)

— Gourdiflot —

(à part) Tiens ! une jeunesse ! Je regrette de ne pas avoir mon autre melon, je lui aurais fait un petit cadeau et je serais monté chez celle-là aussi.

(il lui fait de l'œil)

— Bichonnette —

(à part) Qu'est-ce qu'il a à me regarder cet idiot-là ? (haut, en frappant sur la table)

Garçon ! Garçon !

Scène IX

Les mêmes - Fricandeau (puis) Lamouillette

— Fricandeau —

(Entrant par la porte du restt. 2e pl. droit) Voilà! voilà! madame désire déjeuner (il va vers Bichonnette) Combien de couverts?

— Bichonnette — (1)

Un seul ça me suffit.

— Fricandeau — (2)

Très bien, je vais vous envoyer quelqu'un (allant à Gourdiflot) Monsieur a commandé? (le reconnaissant) Ah! ça, qu'est-ce que vous faites-là?

— Gourdiflot — (3)

(mettant un doigt dans son nez) Motus!

— Fricandeau —

Je vous ai dit de servir à la terrasse, mais pas de vous y installer

— Gourdiflot —

Motus! (même jeu)

— Fricandeau —

Ne faites pas l'imbécile; voulez-vous me dire pourquoi je vous trouve assis là et dans cette tenue?

— Gourdiflot —

(même jeu) Motus! que je vous dis, c'est clair il me semble (il étend ses jambes)

— Lamouillette —

(Entrant une assiette à la main - 1er pl. dr.) Les pieds de cochon demandés!

(Il entre très vite, se bute dans les jambes de Gourdiflot; les pieds de cochon roulent à terre. Lamouillette les ramasse, les essuie et les pose sur la table)

Fricandeau 1 - Bichonnette 2 - Lamouillette 3 - Gourdiflot 4 -

— Fricandeau —

(à part) D'où sort-il celui-là? Ah! je comprends (allant à Gourdiflot) Vous vous êtes fait remplacer?

— Gourdiflot —

(même jeu) Motus!

— Lamouillette —

(allant à Fricandeau) Parfaitement, c'est moi le remplaçant; c'est ma spécialité, je ne fais que les remplacements

— Fricandeau —

(à part) Un extra! il a l'air plus dégourdi que l'autre (passant devant Lamouillette et lui (montrant Bichonnette) Occupez-vous de madame (il sort 2e pl. droite)

Scène X

Lamouillette - Bichonnette
(1) (2)
Gourdiflot
(3)

— Bichonnette —

(frappant très fort sur la table
Garçon! garçon! c'est assommant! voilà une heure que j'appelle.

— Lamouillette —

(allant à elle) C'est bon, on y va.
(tous deux jettent un cri en se reconnaissant
Bichonnette!

— Bichonnette —

Lamouillette!

— Gourdiflot —

(à part). Ils ont l'air de se connaître aussi ceux-là! C'est étonnant tout de même: à Paris tout le monde se connaît

— Bichonnette —

(qui s'est levée) Comment, toi! Que fais-tu là?

— Lamouillette —

Moi, tu vois, j'attends... j'attends le shah de Perse.

— Bichonnette —

Dans cette tenue; tu es donc cuisinier à présent?

— Lamouillette —

Oui, tu vois: je cuisine! je cuisine!

— Bichonnette —

Je ne te connaissais pas ces dispositions culinaires.

— Lamouillette —

Moi non plus.

— Bichonnettes —

C'est égal, il faut que tu soies rudement dans la purée.

— Lamouillette —

(à part) Ça mord! (haut) C'est vrai, c'est la purée.

— Gourdiflot —

Y'a de la purée, vous m'en donnerez une portion

— Lamouillette —

(à part) De quoi se mêle-t-il celui-là?

— Bichonnette —

Et moi qui t'en voulais de m'avoir plaquée, je comprends à présent: tu n'avais plus le sou, c'est égal, je croyais bien que tu m'avais joué...

— Gourdiflot —

(demandant) Un autre pied de cochon

— Bichonnette —

Tu vois je ne lui fais pas dire

— Lamouillette —

Il est assommant celui-là!

— Bichonnette —

Pauvre chéri, si jamais j'avais crû qu'un jour tu me servirais à déjeuner...

— Lamouillette —

Ah! non. tu ne vas pas déjeuner ici.

— Bichonnette —

Pourquoi ça?

— Lamouillette —

Parce que la cuisine est détestable; c'est moi qui la fais, elle n'est pas mangeable.

— Gourdiflot —

(se penchant vers Bichonnette)
Ne l'écoutez pas, elle est bonne; j'en ai jamais mangé de meilleure.

— Bichonnette —

Ah! tu vois!

— Lamouillette —

(à part) Idiot va!

— Gourdiflot —

(de même) Je vous recommande les pieds de cochon.

— Bichonnette —

Merci, les pieds de cochon et le lapin j'en suis dégoutée, j'en ai trop consommé

— Lamouillette —

Voyons, va ailleurs, il ne manque pas de restaurants dans l'exposition: sur 234, il y en a 7 qui n'ont pas encore fait faillite.

— Bichonnette —

Jamais de la vie, je reste ici; je tiens trop à goûter à la cuisine Lamouillette (retournant s'asseoir à sa table) Voyons le menu (elle consulte la carte) Ah! langouste mayonnaise ...mayonnaise Lamouillette sans doute? Garçon, vous me donnerez une langouste mayonnaise!

— Gourdiflot —

Et moi un autre pied de cochon.

— Lamouillette —

(à part) Il en tient avec ses pieds! (s'approchant de Bichonnette) C'est ridicule ce que tu fais-là!
(à part) Et Théréson qui va arriver

— Bichonnette —
(criant) Une langouste mayonnaise

Scène XI

Lamouillette - Fricandeau - Bichonnette - Gourdiflot

— Fricandeau —
(Entrant par la porte du rest.t 2e pl. droite) Une langouste mayonnaise! (Venant en scène en 2 et faisant passer Lamouillette) Voyons, cuisinier, dépêchez-vous, une langouste mayonnaise à madame.

— Lamouillette —
(à part, passant devant Gourdiflot et sortant par la porte 1er plan droit)
C'est ridicule!

— Fricandeau —
Il faut avoir l'œil partout

— Bichonnette —
(à part) Lamouillette cuisinier, ce que je vais faire rigoler les amis quand je leur raconterai ça
(Fricandeau a poussé Lamouillette jusqu'à la porte de la cuisine 1er plan droit; puis remonte à la droite de la table de Bichonnette et lui parle bas)

Scène XII

~~Tolérance~~ Tartarine - Loubiniou - Durascasse
Gourdiflot - Fricandeau - Bichonnette

— Durascasse —
(Entrant 3e pl. gauche) Eh! cadédious! arrivez donc vous autres! nous y voilà. Voyons Loubiniou, donnez le bras à Tartarine et avancez un peu.
(Entrée de Loubiniou et Tartarine 2e p. g.

— Tartarine — (1)
Eh! bien, tu peux dire que tu nous fais courir, tu marches! et tu marches! comme si tu étais sur la route de Castel-Sarasin!

— Durascasse — (3)
Té! il fallait se dépêcher, il y a tellement de monde!
(Fricandeau est redescendu à la gauche de Gourdiflot à qui il parle en tournant le dos à la scène

— Loubiniou — (2)
Qu'on n'aurait plus trouvé de place pour déjeuner.

— Durascasse —
Oh! bagasse! a pas peur, on en trouvera pour nous de la

Imp. Parisienne de Musique. L. Ghidone, 9, rue d'Aboukir, Paris.

place, tu vas voir (allant à Fricandeau et lui tapant sur l'épaule)
C'est-y vous le patron de cette auberge ?

— Fricandeau —
Oui c'est moi

— Durascasse —
(lui tapant sur le ventre)
Et comment que ça va ?

— Fricandeau —
(très froidement) Merci, ça ne va pas mal (à part) Qu'est-ce que c'est que ces gens-là ?

— Durascasse —
Digos ! (l'appelant) Nous en sommes
(il le fait passer à Tartarine)

— Tartarine —
Nous en sommes ! Vous permettez ?
(elle embrasse Fricandeau)

— Loubiniou —
Té ! que j'en suis aussi

— Durascasse —
(passe à Fricandeau - a dégagé Gourdiflot il présente Loubiniou à Fricandeau
Loubiniou, le secrétaire de la mairie

— Loubiniou —
(à Fricandeau) Vous permettez ?
(il va pour l'embrasser)

— Fricandeau —
(le repoussant) Ah ! non, pas vous !
(il le fait tourner - à ce moment Gourdiflot qui, sans rien dire, est allé prendre une salière sur la table de Bichonnette traverse, de sorte que c'est lui que Loubiniou embrasse

— Gourdiflot —
(à part) Encore un qui me connaît
(il se rasseoit)

— Fricandeau —
Alors vous en êtes tous ?

— Durascasse —
Tous !

— Fricandeau —
Mais de quoi d'abord ?

— Durascasse —
Du pays !

— Loubiniou —
Du pays !

— Tartarine —
Du pays !

— Fricandeau —
Du pays ! du pays ! de quel pays ?

— Durascasse —
J'demande de quel pays ! De la Gascogne, té !

— Fricandeau —
De la Gascogne.

— Durascasse —

Mais oui, mon cadet, de Castel-Sarasin.

— Fricandeau —

Eh bien! que voulez-vous que ça me fasse?

(Durascasse et Loubiniou dégagent extr. droit)

— Durascasse —

Il n'est pas aimable; ça ne fait rien, nous allons déjeuner ici tout de même

(Gourdiflot se lève et va prendre un huilier sur la table de Bichonnette)

— Bichonnette —

Ne vous gênez pas!

— Gourdiflot —

Merci! (Il se heurte à Loubiniou en venant se rasseoir et répand l'huile sur son vêtement, bras droit)

— Loubiniou —

Faites donc attention, c'est mon paletot neuf.

— Gourdiflot —

C'est de l'huile, ça ne tache pas.

— Durascasse —

Tartarine vous dégraissera

(Allant à Fricandeau pendant que Loubiniou, debout, aidé par ~~Fricandeau~~ Gourdiflot (assis) essaie de détacher sa manche en y mettant du vinaigre, du sel, etc.

Il est bon, le cassoulet?

— Fricandeau —

Quoi? le cassoulet? Nous n'en avons pas.

— Durascasse —

Pas de cassoulet au restaurant des Cadettes de Gascogne... tant pis! pour une fois nous mangerons autre chose.

— Fricandeau —

Manger, y'a pas moyen, c'est complet partout

— Durascasse —

Voyons! pour des pays?

— Fricandeau —

Quoi, des pays! vous êtes de Castel-Sarasin et moi je suis de Batignolles.

— Durascasse —

(à Loubiniou) Batignolles, c'est y dans la Gascogne ça?

— Loubiniou —

(Cherchant et s'approchant un peu) Batignolles, c'est une sous-préfecture.

— Durascasse —

Castel-Sarasin, Batignolles, ça se touche; voyons, donnez-nous une table (il tape sur l'épaule de Fricandeau)

— Fricandeau —

Puisque je vous dis que je n'en ai pas (Gourdiflot se lève une 3e fois et va emplir son verre à la bouteille de Bichonnette

— Durascasse —

En cherchant bien? (même jeu)

— Fricandeau —

Oh! vous m'embêtez à la fin (il sort par le restt. 2e pl. droite)

— Bichonnette —

(à Gourdiflot) Vous en avez une santé!

— Gourdiflot —

Pas mal, et vous? (il se rasseoit)

— Durascasse —

Eh! bien, Loubiniou, qu'est ce que vous en dites?

— Loubiniou —

(venant à Durascasse) Depuis dix ans que je suis employé de l'état-civil, c'est la première fois qu'il m'arrive de ne pas trouver une place pour déjeuner.

— Durascasse —

Té! vous déjeunez à votre bureau.

— Tartarine —

Même que l'on trouve des coques de noix jusque dans la salle des mariages.

— Loubiniou —

J'avoue que j'ai un faible pour les noix... Enfin, qu'allons-nous faire?

— Durascasse —

Aller déjeuner ailleurs. (il remonte avec Loubiniou).

— Tartarine —

(à part) Et Lamouillette qui m'attend ici! (haut) Ailleurs! ailleurs! tu es bon, on ne sait pas ce qu'on mangera, tandis qu'ici, aux Cadettes de Gascogne...

Scène XIII

Les mêmes - Lamouillette

(du 1er pl. dr. cuisine)

— Lamouillette —

(portant une assiette sur laquelle il y a une demi-langouste et une petite saucière de mayonnaise avec une cuillère dedans

La mayonnaise demandée... Oh! Tartarine!

(il passe au milieu - lâche la langouste qui roule à terre - Gourdiflot s'en empare et la met sur sa table)

— Durascasse —

Puisqu'il n'y a plus de place, allons-nous en!

— Lamouillette —

(à part) Ils s'en vont; ah! mais non, ça ne fait pas mon affaire (à Gourdiflot qui se dirige une 4ème fois vers la table de Bichonnette) Tenez! prenez ça (il lui donne la saucière qu'il tient à la main)

— Gourdiflot —

Qu'est-ce qu'il faut en faire?

— Lamouillette —

Tournez toujours du même côté (Gourdiflot tourne la mayonnaise

— Durascasse —

Vous venez Loubiniou? (il remonte

— Lamouillette —

(En tournant gagne 2) Ne vous en allez pas; je vais vous en trouver de la place (bas à Tartarine) Ne dites rien, c'est moi

(Il entre dans le rest^t. 2e pl. dr.)

— Durascasse —

(à Tartarine) Qu'est-ce qu'il t'a dit?

— Tartarine —

Qu'il allait nous apporter une table parbleu!

— Durascasse —

Ce garçon est bien honnête, Loubiniou vous lui donnerez vingt centimes de pourboire

— Gourdiflot —

Si je la goûtais? (il lèche la cuillère) C'est presqu'aussi bon que du saindoux!

— Durascasse —

Ah! on ne se doute pas de ce qu'on a de mal à déjeuner à Paris; faudra écrire ça à la tante Palmyre, Tartarine... cette bonne tante Palmyre que nous avons laissée toute seule à Castel-Sarasin pour garder la maison

— Lamouillette —

(Entrant 2e pl. dr. avec 2 tabourets et 2 planches) C'est tout ce que j'ai pu trouver (il les mène devant Bichonnette - Durascasse va pour s'asseoir) Non, pas ici, il y a des courants d'air (Il le fait passer extr. droite)

— Bichonnette —

Et ma mayonnaise?

— Lamouillette —

Elle chauffe!

— Bichonnette —

Comment, elle chauffe?

— Lamouillette —

Oui, c'est une spécialité de la maison.

— Gourdiflot —

Je vas y goûter encore un peu (il lèche la cuillère)

— Lamouillette —

(aux autres) Venez ici ! (il les mène à l'autre extrémité de la terrasse, pose un tabouret et met une planche en travers) Là, maintenant asseyez-vous ! (il fait asseoir Loubiniou et Tartarine chacun à un bout de la planche) (à gauche) T L

— Loubiniou —

C'est amusant, on se balance !

— Lamouillette —

C'est la dernière attraction de l'exposition, le déjeuner balançoire (bas à Tartarine) Attendez-moi après le déjeuner (à Durascasse) Et vous, installez-vous là. (il l'installe à droite devant Gourdiflot) D

— Gourdiflot —

Dites donc : c'est pas assez touillé ?

— Lamouillette —

Non touillez toujours.

— Durascasse —

Je ne peux pas m'asseoir tout seul, la planche bascule.

— Gourdiflot —

J'on mal au poignet.

— Lamouillette —

Ça ne fait rien, touillez toujours ; c'est-à-dire, non, ne touillez plus ; asseyez-vous là. (il le fait asseoir en face de Durascasse) G D

— Bichonnette —

Garçon ! ma mayonnaise !

— Lamouillette —

Voilà ! (il prend la mayonnaise à Gourdiflot et la pose devant Bichonnette)

— Bichonnette —

Et ma langouste ?

— Durascasse —

Garçon trois beefteaks aux pommes !

— Gourdiflot —

Et un pied de cochon.

— Lamouillette —

(annonçant) Trois beefteaks aux pommes ! trois ! et un pied de cochon, un ! (il sort - cuisine)

— Tartarine —

(à Loubiniou) Ne balancez donc pas si fort

— Loubiniou —

Voilà dix ans que je suis employé de l'état-civil; mais c'est la première fois...

— Gourdiflot —

(à Durascasse) Hé! là! faites attention, vous allez me faire casser la margoulette.

— Lamouillette —

(entrant 1er pl. dr.) Les beefsteaks et le pied demandés! (il sert le plat de chacun) Et maintenant, bon appêtit messieurs!

— Bichonnette —

Et ma langouste?

— Lamouillette —

La langouste, elle chauffe!

(il sort - restaurant)

Chant

Air: La Grande roue

— Tartarine —

C'est un' façon vraiment charmante
De prendre un repas en plein air!

— Loubiniou —

Oui cette façon-là m'enchante,
Pourvu que ça n'coût pas plus cher

— Durascasse —

Ce nouveau systèm'-là, je pense,
Comm'digestif a de l'av'nir.

— Gourdiflot —

J'sens mon déjeuner qui s'balance
Cramponnons-nous! je vais mourir

— Ensemble —

Ça monte! Ça descend!
Quel repas ravissant!
Ça va! ça vient!
Ah! tenons-nous bien!
Quand la cadence est douce,
Le repas est parfait;
(bis) Mais, quand vient un' secousse
Quel drôl' d'effet
Cela vous fait!

(A la fin du chant, Tartarine et Durascasse se lèvent, de sorte que Loubiniou et Gourdiflot vont rouler à terre, entraînant toute la vaisselle - les 2 servantes entrent précédées de Tricandeau qui leur ordonne d'enlever les planches et les tabourets elles sortent avec Tricandeau)

— Loubiniou —

(se relevant) Boun Diou, j'ai cassé le verre de ma montre!

— Gourdiflot —
Je me suis défoncé une côte.
(il se frotte le derrière)

Scène XIV

Les mêmes – Mme Larose

— Mme Larose —
(entrant du chalet) Je vais aller chercher une portion pour mon déjeuner (apercevant la vaisselle à terre) Quel chambardement ! y'a peut-être encore une passerelle de démolie !

(elle sort par le restt sans voir Bichonnette masquée par les autres personnages – les 2 servantes viennent enlever la vaisselle qui est à terre Gourdiflot et Durascasse s'asseoint table n° 2

G  D

Scène XV

Les mêmes – (moins) Mme Larose
Un rouleur

Un rouleur
(entrant de gauche 3e plan avec un fauteuil roulant – le fauteuil peut être supposé resté dans la coulisse
Qui veut se faire rouler ?
(Lamouillette entre du restt avec une carafe qu'il dépose sur la table 1

— Bichonnette —
(regardant Lamouillette) Merci, je l'ai été assez dans ma vie.

— Tartarine —
Se faire rouler dans un fauteuil, ce doit être amusant ! si on y allait, monsieur Loubiniou ?

— Loubiniou —
Je crains qu'en ma qualité d'employé de l'état-civil ...

— Tartarine —
Bah ! qu'est-ce que ça fait ?
(Le rouleur allume sa pipe)

— Lamouillette —
(à part) Oh ! quelle idée ! (au rouleur) Écoutez ? (le poussant vers le chalet) Entrez là !

— Le rouleur —
Non, merci, je ne prends rien entre mes repas.

— Lamouillette —
Mais entrez donc ! je vous expliquerai (ils sortent par le chalet

— Durascasse —
Loubiniou, je vois que vous mourez d'envie de vous promener dans un fauteuil

— Loubiniou —

Je vous assure Durascasse…

— Durascasse —

(se lève et passe à Loubiniou) Ça se voit, je vous dis ; emmenez ma femme ; pendant ce temps-là j'irai visiter la section agricole qui ne l'intéresserait pas, ni vous non plus ; nous nous retrouverons à l'hôtel… Ah ! dites donc, allez à la caisse ! vous paierez les trois déjeuners. (il le fait passer devant lui)

— Loubiniou —

Comment moi ?

— Durascasse —

Et qu'est-ce que ça fait, puisque nous sommes ensemble.

— Loubiniou —

(à part) Il est bon, lui ! il ne me rend jamais l'argent. (il sort pour le restt)

— Durascasse —

(lui criant) Vous laisserez vingt centimes de pourboire au garçon !

— Gourdiflot —

(à part) J'sais pas ce que j'ai, mais ça ne va point du tout… c'est-y les pieds de cochon ou c'est-y la balançoire ?… brr ! ce doit être les pieds de cochon … non, c'est la balançoire ; oye ! oye ! ça ne va point du tout (il se sauve dans le châlet)

— Loubiniou —

(Entrant du restt) Boun Diou ! 43 fr. 50, c'est salé !

Scène XVI

Durascasse – Loubiniou – Tartarine
Lamouillette – Bichonnette – Un rouleur

— Tartarine —

Eh bien ! nous partons ? Par ici un rouleur !

(Lamouillette sort du châlet en rouleur et se précipite vers Tartarine)

— Lamouillette —

Voilà ! voilà ! (à Tartarine) C'est moi

— Durascasse —

(à Tartarine) Qu'est-ce qu'il t'a dit ?

— Tartarine —

Qu'il savait bien rouler

— Durascasse —

(Fait passer Loubiniou) Loubiniou, vous lui donnerez trente centimes de pourboire.

— Loubiniou —

(à part) Il m'agace à la fin.
(il sort gauche 3e pl.)

— Durascasse —

(embrassant Tartarine qui sort avec Lamouillette 3e pl. g.
Et maintenant à la section agricole! (il passe au-dessus de Bichonnette à qui il fait de l'oeil et sort 3e pl. dr.)

Scène XVII

Mme Larose-Gourdiflot
Bichonnette

Mme Larose sort du restaurant portant une assiette recouverte d'une seconde assiette – elle n'aperçoit pas Bichonnette qui est restée assise

— Mme Larose —

(bousculée par Gourdiflot qui sort du châlet, costumé en cuisinier
Faites donc attention, vous allez me faire renverser la sauce ... Tiens! qu'est-ce que vous faites là vous?

— Gourdiflot —

Motus!

— Mme Larose —

Tâchez donc d'être poli au moins (à part) C'est le nouveau cuisinier il a l'air un peu gourde
(elle entre dans le châlet)

Scène XVIII

Gourdiflot – Bichonnette
(puis) Fricandeau.

— Gourdiflot —

Quel drôle de fourbi tout de même: j'entre là à cause des pieds de cochon, et qu'est-ce que je trouve? le particulier de tout à l'heure qu'était en train de mettre les habits du rouleur – Tiens! qu'i' m' fait, t'arrive à propos, reprends tes fonctions; là-dessus, il m'enlève les habits qu'il m'avait donnés, les donne au rouleur et me rend la veste et la calotte en me disant: motus!

— Bichonnette —

Garçon! j'attends toujours ma langouste ... décidément Lamouillette fait bien mal le service ... Garçon! garçon

— Fricandeau — (2)

(Sortant du restt) Voyons cuisinier! (reconnaissant Gourdiflot

Tartarine

(à part) Sante Palmyre!

— Palmyre —

(à part) Ma nièce!

(Palmyre se sauve dans la châlet et Tartarine se sauve 3e pl. droite, suivie par Lamouillette)

Scène XXII

Crapoulos (seul)

(il entre 3e pl. gauche)

Caramba où est Bichonnnette? Io souis jaloux comme un tigre et io ai quitté le banquet pour l'épier, la guetter comme le zaguar qui guette sa proie, si io vois oune homme avec elle, io bondis dessus comme un tigre sur un muffle... bufle!... muffle!... comment vous dites en français?

(il finit N°1)

Scène XXIII

Crapoulos. Gourdiflot

— Gourdiflot — (2)

(à part) Ah! mais, je commence à m'embêter là-dedans; je sommes venu à Paris pour voir l'exposition et j'on encore rien vu que c'tte maniere d'auberge.

— Crapoulos —

(à part) Oune cousinier, voilà mon affaire (haut) Aspète oun poco!

— Gourdiflot —

Plaît-il?

— Crapoulos —

Avance que io te dis, tou ne comprends donc pas lou français, espèce de bouse?

— Gourdiflot —

(à part) Oh! il n'a pas l'air commode (haut) C'est bon, on y va (à part) Qu'est-ce qu'il me veut encore celui-là

— Crapoulos —

Dounne-moi ça!

(il lui prend sa calotte et sa veste)

— Gourdiflot —

(à part) Comment, lui aussi? (haut) Ah! mais permettez!

— Crapoulos —

Io ne permets jamais... dounne, ou sinon, caramba!

(il fait un geste menaçant)

— Gourdiflot —

Oh! la la! c'est bon, ne vous fâchez

pas (à part) je vais donc passer toute ma journée à me deshabiller !
(il passe à Crapoulos qui le dévêt et échange de costume avec lui)

— Crapoulos —

Et maintenant, rompez !.. tou n'entends pas ?... Rompez ! et si tou dis un mot, io te coupe les oreilles

— Gourdiflot —

Ah ! mais non, c'est ma mère qui me les a données

— Crapoulos —

Rompez !

— Gourdiflot —

(à part) M'en v'là un particulier
(il se sauve dans la cuisine)

Scène XXIV

Crapoulos (puis) Bichonnette - Durascasse - Palmyre -

— Crapoulos —

(à l'extrême dr.) Maintenant, à moi les ruses des Apaches ! et si Bichounnette me trompe, caramba
(Bichonnette et Durascasse entrent de gauche 3e pl. et descendent à gauche en causant familièrement)

— Durascasse —

Pourquoi rentrer si tôt de notre promenade, est-ce que ma Société vous ennuie ?

— Bichonnette —

Pouvez-vous croire ! (ils remontent vers la table N°1)

— Crapoulos —

(à part, se retournant pour ne pas être reconnu) Bichounnette avec oune homme j'en étais sour ; mais de la patience, io veux tout savoir jusqu'au bout.
(il essuie une assiette par contenance)

— Palmyre —

(à part, sortant du châlet) J'ai failli être vue par ma nièce (apercevant Durascasse) Ciel ! mon neveu ! (elle s'enfuit 3e pl. g.)

Scène XXV

Durascasse (1) - Bichonnette (2)
Crapoulos (3)

— Durascasse —

Alors, je ne vous suis pas antipathique ?

— Bichonnette —

Au contraire. Venez, asseyons-nous

— Bichonnette —

(à part) Oh! après tout, moi je m'en bats l'œil, qu'ils se débrouillent, je vais raconter ça à maman; c'qu'elle va rigoler! (elle entre dans le châlet)

Scène XXVI

Crapoulos (à la porte du pavillon) (1)
Loubiniou (en arabe) (2)

— Loubiniou —

(Entrant costumé en arabe 3e pl. dr.) (à part) Où est donc passé Durascasse?... Ah! je vais m'adresser au cuisinier (haut) Dites donc, Cuisinier?

— Crapoulos —

Corne de bouc! fichez-moi la paix!

— Loubiniou —

(à part) Il ne me reconnait pas (haut) C'est moi Loubiniou à qui vous avez servi à déjeuner à la terrasse, avec Durascasse et sa femme... Vous savez bien la balançoire? (il fredonne) Ça monte! Ça descend!

— Crapoulos —

(allant à Loubiniou) Chout! il est là.

— Loubiniou —

Durascasse?

— Crapoulos —

Non, l'amant de Bichonnette (il retourne à la porte)

— Loubiniou —

Ah! connais pas. Ça vous étonne de me voir en Arabe; moi aussi; voilà dix ans que je suis employé de l'état-civil; eh bien! c'est la première fois que ça m'arrive. Quelle aventure: Nous roulions à travers l'exposition, madame Durascasse dans son fauteuil et moi dans le mien, quand, tout à coup, voilà que son rouleur accroche la roue de mon véhicule, et, patatras! je pique une tête avec mon fauteuil en plein dans le bassin du Trocadéro.

— Crapoulos —

(venant à Loubiniou) Je lui couperai les oreilles!

— Loubiniou —

Au bassin du Trocadéro?

— Crapoulos —

Non, à l'amant de Bichonnette. (Il retourne à la porte, écoute, puis marche de long en large.)

— Loubiniou —

(le suivant) Ah... Je me relève trempé comme un caniche qui sort de l'eau; je ne pouvais rester dans cet état; j'ai les bronches très délicates... je suis donc entré chez un marchand indigène, rue de la Kasbah, lequel, moyennant la somme de 47 fr. 50 m'a fourni ce costume ...ah! ça, mais....il ne m'écoute pas. Hé! cuisinier!

— Crapoulos —

(le prenant au collet) Fichez-moi la paix! (il le conduit au restaurant, en le faisant sauter, le lâche et revient au pavillon)

— Loubiniou —

(à part) Oh! il n'est pas aimable. Je vais voir si Durascasse n'est pas dans l'auberge!

(il entre dans le restt.)

Scène XXVII

Crapoulos - Durascasse (en Lapon)

— Crapoulos — (seul)

Il va donc coucher là-dedans, caramba! on ouvre la porte; io vais m'élancer sour loui, comme un jaguar. (il recule à mesure que Durascasse sort en Lapon, un bonnet de fourrures jusqu'aux oreilles Crapoulos tourne autour de lui, puis s'arrête interdit; Durascasse a gagné la droite en se dissimulant la figure)

Ce n'est pas loui; mais io le trouverai

(il entre dans le pavillon)

— Durascasse —

(relevant son bonnet) Ouf! je l'ai échappée belle. (il sort précipitamment 3e pl. dr. en longeant le restt.)

Scène XXVIII

Palmyre (en almée) Crapoulos

— Palmyre —

(Entrant 3e pl. g. costumée en almée) Je suis plus tranquille; j'ai acheté ce costume au pavillon de la Turquie, comme ça, je ne risque pas d'être reconnue (avec un soupir) Vais-je enfin trouver le bel étranger qui doit ouvrir mon cœur aux mystères de l'amour?

(elle remonte vers le fond dr.)

— Crapoulos —

(Il sort du pavillon de la Laponie en tenant le chapeau de Durascasse et le bourre de coups de poing)

Il s'est foutu de moi; il ne restait plous que son chapeau; j'entre et je me trouve dans une cahoute de pêcheurs Lapons représentés par des mannequins en cire ; lou lâche, il en avait deshabillé un pour lui prendre son costume. Oh ! mais io le retrouverai ! io le retrouverai ! (il remonte et bouscule Palmyre entre les deux tables)

— Palmyre —

Faites donc attention !

— Crapoulos —

Zout ! (il sort 3e pl. dr.)

— Palmyre —

Insolent !

Scène XXIX

Palmyre - Loubiniou
(1) (2)

— Loubiniou —

(à part sortant du restt.)
Durascasse n'y est pas. (apercevant Palmyre) Oh ! une moukère !

— Palmyre —

(à part) Un jeune étranger... il me regarde !

— Loubiniou — (à part)

Elle m'a remarqué !

— Palmyre — (à part)

Il est bien bâti !

— Loubiniou — (à part)

Elle est rebondissante !

— Palmyre — (à part)

Je crois que je ne lui suis pas indifférente. (elle lui fait des œillades en tortillant du ventre)

— Loubiniou — (à part)

Bagasse ! elle me fait de l'œil ; si je me risquais (il tortille du ventre, puis va à elle en étendant les bras) Ali ! Allah ! macach' ! bono !

— Palmyre —

Si vous voulez ?

Duo

Air nouveau de Galle — avec danse arabe sur les ritournelles

(1er couplet)

— Palmyre —

Quoiqu' je sois encor pure et sage,
Mon cœur volage
S'en va vers toi, beau moricaud.

— Loubiniou —

Macach' bono !

— Palmyre —

Qu'tu sois d'Alger ou du Caire,
J's'rai ta moukère ;
Toi, tu s'ras mon maître, mon chef.

— Loubiniou —
Bono! besef!

2e couplet

— Palmyre —
J'te suivrai dans ta caravane,
J's'rai la sultane
La plus fidèl' de ton gourbi.

— Loubiniou —
Lan pan! l'arbi!

— Palmyre —
Ah! viens! pour toi j's'rai si gentille
Et si bonn' fille
Mon vieil Ali qu't'en s'ras baba.

— Loubiniou —
Ali baba!

(il l'enlace et la dirige vers le pavillon (parlé) Ah! viens! ma sultane, viens dans une autre patrie!

— Palmyre — (1)
Je te suis, noble enfant du désert. (à part, à la porte du pavillon) Enfin, je l'ai trouvé le bel étranger.

(elle entre dans le pavillon)

— Loubiniou —
(au public) Voilà dix ans que je suis employé de l'état-civil, eh! bien! c'est la première fois que ça m'arrive! (il entre dans le pavillon

Scène XXX

Gourdiflot (2) – Durascasse (1)

— Gourdiflot —
(sortant du restt. en paysan comme à sa 1ere entrée; il a repris son parapluie et son panier) J'en ont assez de ce bon guieu d' Paris; j'on repris ma blouse et mon panier et je m'en retourne à Mourmelon-les-Andouillettes. (il finit à dr.)

— Durascasse —
(En Lapon entrant tout effaré 3e pl. g.) Il a retrouvé ma trace, je suis perdu.

— Gourdiflot —
(déposant son panier extr. dr.) Qué qu'c'est qu'ça? (entr'ouvrant son parapluie pour se garantir) N'approchez pas! n'approchez pas!

— Durascasse —
Ah! mon ami, sauvez-moi!

— Gourdiflot —
(à part) tiens! y parle, c'est point une bête (il referme son parapluie

Durascasse
Il est à mes trousses! il me poursuit ... ah! vous pouvez me sauver; donnez-moi votre blouse.

— Gourdiflot —

Touchez pas ! Je la connais cette mode de Paris de changer de costume avec tous les gens que l'on rencontre

— Durascasse —

Vous ne voudriez pas causer la mort d'un père de famille sans enfants

— Gourdiflot —

Je la connais pas moi, votre famille, j'peux rien faire pour elle.

— Durascasse —

Tenez, voilà vingt francs !

— Gourdiflot —

Oh ! non, cette fois-ci c'est un bouton de culotte

— Durascasse —

C'est la monnaie du pays, vous changerez. (ils échangent de costume) Et maintenant....

— Gourdiflot —

Maintenant je sais : motus !

— Crapoulos —

(en coulisse) Jo lui couperai les oreilles !

— Durascasse —

(à part) Mon sauvage ! il était temps (il s'accroupit derrière la table N° 2)

— Gourdiflot —

Où donc qu'il est passé ?

Scène XXXI

Les mêmes - Crapoulos

Gourdiflot regarde son nouveau costume, le trouve baroque, et se met à faire la danse de l'ours. Crapoulos entre, le prend pour Durascasse ; il s'arrête, le regarde en ricanant, puis s'élance sur lui et lui administre une volée de coups.

— Gourdiflot —

(criant) Oh ! la la ! ma mère ! (il se sauve dans le châlet)

Scène XXXII

Durascasse - Crapoulos - Mme Larose

— Mme Larose —

(sortant effrayée du châlet et tombant dans les bras de Crapoulos qui allait y pénétrer) Au secours ! un ours ! je suis morte ! (Elle se trouve mal dans les bras de Crapoulos qui, pour s'en débarrasser, la dépose dans le pavillon de la Laponie)

— Crapoulos —

Je te l'ouvre ! je te le dépiaute et j'en fais de la pâte à serpents (Il entre dans le châlet - Cris de Gourdiflot et de Crapoulos en coulisse)

— Durascasse —

(s'esclaffant) C'est l'autre qui trinque, té que c'est drôle.

Scène XXXIII

Durascasse (derrière la table) Tartarine _ Lamouillette (puis) Crapoulos
(1) (2)

— Lamouillette —

(entrant avec Tartarine, bras-dessus, bras-dessous 3e pl. dr.

Venez, ma chère Tartarine

— Durascasse —

(à part, passant la tête) Ma femme avec un rouleur

— Tartarine —

C'est égal! ce n'est pas bien ce que nous faisons là, monsieur Lamouillette

— Durascasse — (à part)

C'est Lamouillette

— Tartarine —

Quand je pense que mon pauvre mari...

— Durascasse — (à part)

Cher ange va!

— Lamouillette —

Souvenez-vous de nos nuits de Castel-Sarasin, pendant que votre époux dormait...

— Durascasse — (à part)

Hein?

— Tartarine —

Je ne dis pas; mais ici, à la face de l'univers...

— Lamouillette —

Notre univers c'est notre amour!

(il l'embrasse)

— Durascasse —

(allant pour se montrer) Eh! là!

— Crapoulos — (1)

(sortant vivement du châlet) Jo me souis trompé de sapon, ce n'est pas le mien

— Durascasse — (à part)

Encore mon sauvage! (il se recache)

— Crapoulos —

(apercevant le couple) Jo vous dérange pardon, continouiez!

(il remonte vers le fond g. puis va vers la dr.)

— Durascasse — (à part)

Comment continouiez?

— Tartarine — (1)

(à Lamouillette) Continuez! puisqu'il vous dit de continuer.

— Lamouillette — (2)

Mais je ne demande qu'à ne pas finir (il l'embrasse)

— Durascasse — (à part)

Oh! ma tête!

— Tartarine. —

Encore! Ça me fait du bien!

— Durascasse —

(allant pour se montrer) Ah! non, assez!

— Crapoulos —

(qui se promène très agité, redescendant N°3)
Ne vous occupez pas, continouiez
(il remonte fond dr.)

— Durascasse — (à part)
Oh! s'il n'était pas là, celui-là!

— Tartarine —
Je veux bien continuer, mais pas ici.

— Lamouillette —
(montrant le rest^t.) Entrons là, il y a des salons où nous pourrons achever de... causer tranquillement.
(ils se dirigent vers le rest^t.)

— Durascasse —
(se dressant) Ah! ça, c'est trop!

Tartarine.
(à Lamouillette) Vous êtes irrésistible.

— Durascasse —
Hé! là, arrêtez!

— Tartarine —
Mon mari! (elle se sauve avec Lamouillette dans le rest^t.)

— Crapoulos —
(se retournant) C'est loui! (il se campe devant la porte du rest^t. au moment où Durascasse va y pénétrer)
Je te tiens! et cette fois, cric! tou ne m'échapperas pas!

— Durascasse —
Je vous demande cinq minutes.

— Crapoulos —
Pas de minoutes du tout.

— Durascasse —
Mais on est en train de me faire...

— Crapoulos —
Coucou! tant mioux!
(Même poursuite que précédemment, sans laisser Durascasse s'approcher du rest^t.)

Scène XXXIV

Durascasse (1) - Crapoulos (2) - Fricandeau (3)

— Fricandeau —
(Sortant du rest^t. - à Crapoulos)
Eh bien! cuisinier! Voilà que vous faites la chasse à mes clients au lieu d'être à vos fourneaux.
(Il le saisit par le bras. Durascasse en profite pour se sauver dans le rest^t.)

— Crapoulos —
Au diable, caramba! (il se dégage et s'élance dans le rest^t.)

— Fricandeau —
(le suivant et levant les bras au ciel)
Il est encore changé! Ah! ça, il en pleut des cuisiniers.
(il sort)

Scène XXXV

Palmyre (1) - Loubiniou (2)

— Loubiniou —
(sortant du pavillon) Il n'y a personne, nous pouvons sortir.

— Palmyre — (1)

Déjà !

— Loubiniou —

Viens ma houri céleste.

— Palmyre —

Je viens, ô mon lion d'Arabie; mais je regretterai toute mon existence de n'avoir pu passer ma vie dans cet asile qui a vu s'accomplir l'union des races.

— Loubiniou —

Oh ! ces femmes des pays chauds !

Scène XXXVI

Palmyre - Loubiniou - Durascasse
(1) (2) (3)
Lamouillette
(4)

Lamouillette sort du restt. avec Durascasse qui le tient par le bras

— Durascasse —

A nous deux, monsieur Lamouillette !

(Loubiniou et Palmyre causent entre eux)

— Lamouillette —

Mais quand je vous dis...

— Durascasse —

Je vais vous montrer qu'un homme ne me fait pas peur, cadédiou !

— Palmyre —

(apercevant Durascasse) Cachez-moi ! mon neveu !

— Loubiniou —

Qui ça, Durascasse ?

— Palmyre —

Vous le connaissez ?

— Loubiniou —

Parbleu, mais alors, vous êtes ?

— Palmyre —

Sa tante Palmyre qu'il croit tranquille à Castel-Sarasin

— Loubiniou —

Et moi je suis Loubiniou, le secrétaire de la mairie.

— Lamouillette —

(à Durascasse) Je vous dis que les oreilles vous ont corné.

— Durascasse —

Si je n'avais que les oreilles de cornées

— Loubiniou —

(à Lamouillette) Ah ! vous êtes un joli coco, vous !

— Durascasse —

Bé ! Loubiniou en arabe !

— Loubiniou. —

C'est la faute à monsieur qui, pour rester seul avec votre femme, m'a flanqué dans le bassin du Trocadéro

— Lamouillette —

Où vous avez pêché cette moukère

— Loubiniou —

(à Durascasse, faisant passer Palmyre) C'est votre tante.

— Durascasse —

Ma tante !

— Lamouillette —

Satante !

Scène XXXVII

Loubiniou - Palmyre - Bartarine -
(1) (2) (3)
Crapoulos - Durascasse - Lamouillette
(4) (5) (6)

— Crapoulos —

(sortant du restt. avec Bartarine) Venez déliciouse créatoure, io vous protège

— Durascasse —

Le revoilà (il se cache derrière Lamouillette et se trouve au 6

— Crapoulos — (allant à lui

N'ayez plous peur, je me souis vengé autrement.

— Durascasse —

Comment autrement ?

— Crapoulos —

Demandez à votre femme avec qui j'ai fait une paix délirante (Durascasse se rebiffe, Crapoulos l'effraye en frappant du pied

— Lamouillette —

(à Bartarine) Ingrate !

— Bartarine —

C'est bien pour mon mari que je l'ai fait

Scène XXXVIII

Loubiniou - Palmyre - Bartarine -
(1) (2) (3)
Lamouillette - Crapoulos - Durascasse -
(4) (5) (6)
Mme Larose - Bichonnette - Gourdiflot
(puis) Tricandeau

— Mme Larose —

(sortant du pavillon et venant 3 vers Bartarine

Ma fille ! Rendez-moi ma fille !

Bichonnette

(Sortant du chalet avec Gourdiflot)

Me voilà, m'man

— Mme Larose —

Vivante ! il ne t'a rien boulotté ?

Lou (1) Pal (2) G. (3) B. (4) Lar. (5) T (6) Lam. (7)
Cr (8) Dur. (9)

— Bichonnette —

Qui ça ?

— Mme Larose —

L'animal féroce.

— Gourdiflot —

Eh ! mme Dugoguenot, tâchez de pas m'invectiver

— Crapoulos —

Bichounnette avec un autre Lapon

— Gourdiflot —

Je ne suis pas Lapon, je suis Gourdiflot, madame m'a ben reconnu tout de suite et elle a été tellement gentille que je vas y donner mon dernier melon.

(il prend le melon dans le panier et le donne à Bichonnette.)

— Tricandeau — (du restt.)

Décidément, quel est mon cuisinier ?

— Tous les hommes —

C'est pas moi !

— Bichonnette —

(à Lamouillette) Mais alors, tu n'es pas ruiné ; je comprends tout, tu n'es pas plus cuisinier que rouleur.

— Lamouillette —

Rouleur, non, roulé, oui

— Tous —

Nous le sommes tous roulés !

— Loubiniou —

Voilà dix ans que je suis employé de l'état-civil, eh bien c'est la première fois que ça m'arrive !

G (1) B (2) Lam. (3) P. (4) Lou (5) Lar. (6)
T (7) F. (8) Gr. (9) D (10)

Chœur final.

Il est temps, pour vous satisfaire
De dénouer la situation ;
Pour vous, ils n'ont plus d'mystère
Les p'tits mystèr's d' l'exposition.

Rideau

www.ingramcontent.com/pod-product-compliance
Lightning Source LLC
LaVergne TN
LVHW012022160826
845678LV00002B/982

* 9 7 8 2 3 2 9 6 4 7 2 4 1 *